Dann begleite Arts4Family bei der Produktentwicklung und erhalte einen exklusiven Blick hinter die Kulissen!

- Teste kostenlos Neuerscheinungen
- Erhalte limitierte Sonderangebote
- Begleite uns von der Idee bis zum fertigen Buch

Klingt gut? Melde dich hier für unseren Newsletter an:

www.arts4family.subscribemenow.com

Liebe Rätselfreunde

dieses Buch ist vollgepackt mit spannenden, lustigen und kniffligen Rätsel – zum alleine oder auch gemeinsam Knobeln.

Bezwingst du den Endgegner im ultimativen Endrätsel?

Halte deinen Sieg und Mitstreiter in einer Urkunde fest. Und dann... auf ins nächste Level!

Aber Achtung, die Rästel werden von Level zu Level schwerer...

Und falls du eine kleine Pause brauchst, die kleinen Ausmalbilder sorgen für die notwendige Entspannung.

Viel Spaß beim Rätseln!

Falls du Wünsche oder Anregungen zum Buch hast, schreibe gerne eine E-Mail an:

info@arts4family.com

INHALT

Spiel	Level 1	Level 2	Level 3
Labyrinth	6, 16, 24, 29	34, 42, 46, 59	64, 72, 76, 89
Buchstabensalat	7, 17, 26	35, 47, 56	65, 77, 86
Kreuzworträtsel	9, 25	39, 51	69, 81
Wortgitter	12, 20	44, 54	74, 84
Sudoku	10, 19, 28	37, 43, 49, 58	67, 73, 79, 88
Suchbild	14, 22	40, 52	70, 82
Teekesselchen	8, 18, 27	36, 48, 57	66, 78, 87
Ultimatives Endrätsel	30	60	90
Lösungen	94	97	100

1.1 Labyrinth

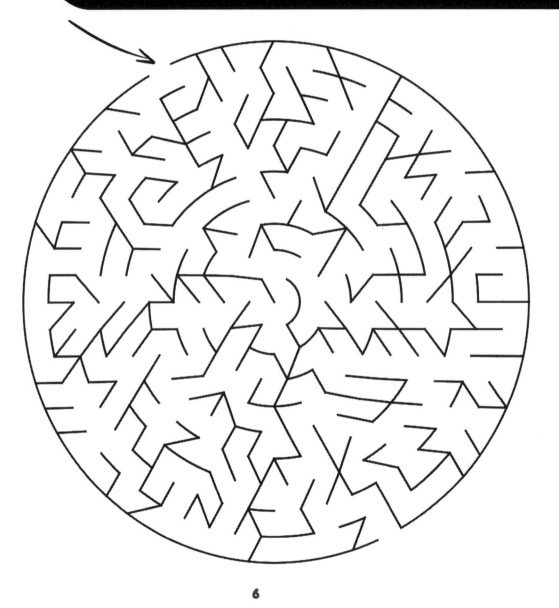

1.2 Buchstabensalat

Die Buchstaben sind auf einer holprigen Reise durcheinander gepurzelt. Kannst du sie richtig anordnen, sodass sie wieder Wörter ergeben?

1 SUB ___
2 GUZ ___
3 OOTB ____
4 AMCP ____
5 PTIP ____
6 EMER ____ ← **ENDGEGNER-HINWEIS**
7 REIF ____
8 NSAD ____
9 UHER ____
10 DAB ____

1.3 Teekesselchen

Finde heraus, welches Wort mit zwei verschiedenen Bedeutungen beschrieben wird. Kannst du passende Bilder dazu malen?

1) Ein Teil eines Baumes

2) Ein Stück Papier

Das gesuchte Wort ist: _ _ _ _ _

ENDGEGNER-HINWEIS

1.4 Kreuzworträtsel

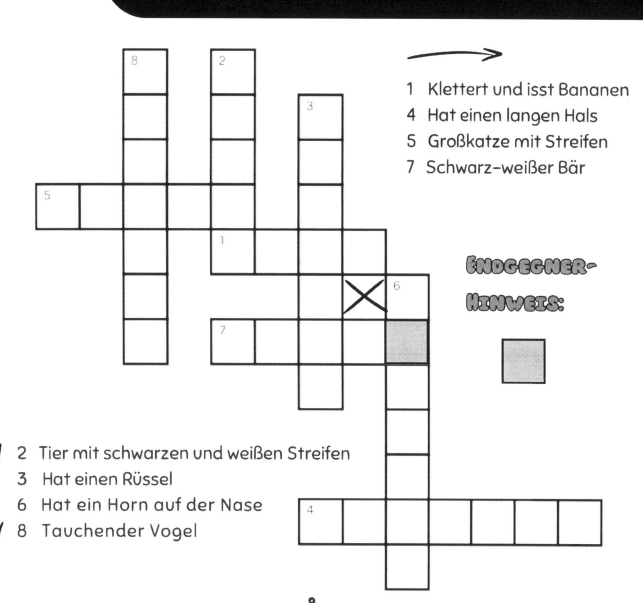

1 Klettert und isst Bananen
4 Hat einen langen Hals
5 Großkatze mit Streifen
7 Schwarz-weißer Bär

ENDGEGNER-HINWEIS:

2 Tier mit schwarzen und weißen Streifen
3 Hat einen Rüssel
6 Hat ein Horn auf der Nase
8 Tauchender Vogel

1.5 Sudoku

Regeln:

- Jede Zeile muss die Zahlen 1 bis 9 enthalten: Keine Zahl darf in einer Zeile doppelt vorkommen.
- Jede Spalte muss die Zahlen 1 bis 9 enthalten: Keine Zahl darf in einer Spalte doppelt vorkommen.
- Jedes 3x3-Untergitter muss die Zahlen 1 bis 9 enthalten: Keine Zahl darf in einem Block doppelt vorkommen.

Tipps für Anfänger:

- Suche nach Reihen, Spalten oder Blöcken, die fast vollständig sind
- Prüfe jedes Mal, wenn du eine Zahl einträgst, ob dies die einzige mögliche Lösung ist
- Verwende einen Bleistift

Das erste Sudoku wartet schon auf der nächsten Seite auf dich!

6	3			2		1	9	
	1		3	6			7	2
	7	9	1	5		3	8	6
	9	1		3		6	2	7
	5		6	7				
				9		8		3
	6	3	5	8		2		
5					3	7		
1		7	2				9	3

ENDGEGNER-HINWEIS:

1.6 Wortgitter

Ich packe meinen Koffer und nehme mit:

BUCH
KAPPE
KAMERA
HANDTUCH

Auf der nächsten Seite haben sich diese 4 Dinge im Wortgitter versteckt. Findest du alle?

ENDGEGNER-HINWEIS

Zweiter Buchstabe des obersten Wortes im Wortgitter: _

M	V	Y	P	I	H	Y	G	R	J	Y	M	G
Z	T	P	W	E	A	X	Q	Y	X	E	A	C
M	Z	F	B	Q	N	S	D	L	H	J	I	N
P	Y	H	K	Z	D	V	E	B	K	M	M	X
V	N	E	C	M	T	Z	Q	V	T	D	T	K
A	O	F	P	N	U	V	E	C	S	X	P	P
O	N	L	B	U	C	H	O	F	B	D	T	O
Z	L	Y	K	S	H	V	I	Q	Z	Y	Q	O
D	V	A	A	F	G	N	T	L	S	U	R	B
O	I	E	P	D	W	Q	W	O	G	W	Z	F
M	R	R	P	M	X	G	X	O	G	Q	O	B
K	A	M	E	R	A	O	W	T	A	F	Y	E
O	N	H	M	J	A	D	A	W	U	L	C	H

13

1.7 Suchbild

1.8 Labyrinth

1.9 Buchstabensalat

Die Buchstaben sind auf einer holprigen Reise durcheinander gepurzelt. Kannst du sie richtig anordnen, sodass sie wieder Wörter ergeben?

1. GLUF _ _ _ _
2. EGW _ _ _
3. TUOA _ _ _ _
4. ARKP _ _ _ _
5. OHPS _ _ _ _ ← **ENDGEGNER-HINWEIS**
6. ISE _ _ _
7. AMRT _ _ _ _
8. UHBC _ _ _ _
9. ALNP _ _ _ _
10. MUBA _ _ _ _

1.10 Teekesselchen

Finde heraus, welches Wort mit zwei verschiedenen Bedeutungen beschrieben wird. Kannst du passende Bilder dazu malen?

1) Ein rundes Spielzeug

2) Eine Tanzveranstaltung

Das gesuchte Wort ist: _ _ _ _

1.11 Sudoku

		5		6				4
3		1	9	8			5	
8	4		5		7		1	6
	5		2	1	8		4	
4			7	9			8	
	8	7		4		5	2	1
	3			5		9	7	2
2		8	4	3			6	
5	9	6		7	2		3	8

ENDGEGNER-HINWEIS:

1.12 WORTGITTER

Ich packe meinen Koffer weiter mit:

HOSE
SOCKEN
SCHUHE
PULLOVER

Auf der nächsten Seite haben sich diese 4 Dinge im Wortgitter versteckt. Findest du alle?

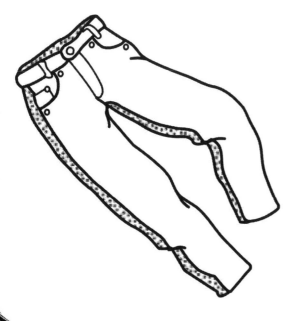

ENDGEGNER-HINWEIS

Dritter Buchstabe des untersten Wortes im Wortgitter: _

L	Z	Q	G	F	I	D	C	M	A	P	L	I
C	U	T	U	L	M	T	J	S	L	N	I	C
D	O	K	Z	P	U	L	L	O	V	E	R	S
Z	U	P	I	Y	G	J	J	C	A	B	K	B
W	M	Z	H	U	A	D	E	K	P	J	I	N
N	P	U	S	C	H	U	H	E	S	P	G	K
F	W	M	K	U	C	W	O	N	Q	R	Y	C
U	C	E	E	H	C	Z	S	G	M	J	L	Z
G	V	D	G	U	S	Y	E	R	Y	Q	Z	T
U	W	Z	Z	S	A	O	Z	O	E	D	M	V
U	X	Q	G	Y	P	E	T	I	S	K	Z	I
E	H	G	X	T	V	N	X	P	I	T	F	T
K	Q	H	D	L	G	Q	E	O	L	V	N	U

1.13 Suchbild

Finde den Fehler

Hier haben sich 4 Fehler im Bild versteckt. Schau genau hin und vergleiche mit dem Bild auf der Seite gegenüber!

1.14 Labyrinth

1.15 Kreuzworträtsel

↓ 3 Fährt auf Schienen
4 Fahrzeug auf dem Wasser
6 Einrädriges Transportmittel
↓ 7 Boot mit Pedalantrieb

→ 1 Vierrädriges Fahrzeug
2 Befördert viele Personen
5 Fahrzeug in der Luft

ENDGEGNER-HINWEIS:

1.16 Buchstabensalat

Die Buchstaben sind auf einer holprigen Reise durcheinander gepurzelt. Kannst du sie richtig anordnen, sodass sie wieder Wörter ergeben?

1. XAIT   _ _ _ _
2. TLEZ   _ _ _ _
3. DFAP   _ _ _ _
4. TUSA   _ _ _ _
5. OLOP   _ _ _ _
6. OPTS   _ _ _ _
7. TSAR   _ _ _ _
8. ESE   _ _ _
9. UTH   _ _ _
10. LLTO   _ _ _ _

1.17 Teekesselchen

Finde heraus, welches Wort mit zwei verschiedenen Bedeutungen beschrieben wird. Kannst du passende Bilder dazu malen?

1) Ein großes Gebäude

2) Ein Teil eines Türverschlusses

Das gesuchte Wort ist: _ _ _ _ _ _ _

ENDGEGNER-HINWEIS

1.18 Sudoku

6		5			7		4	
			4	2		7	6	
4	9	7		3	5	2		
	7			9	8	4	5	6
9		3	5	7		1		8
	8		1	6	2			
8	1			4				
3	5	2	9	8	1			4
7	4	6				8	1	

Endgegner-Hinweis:

1.19 Labyrinth

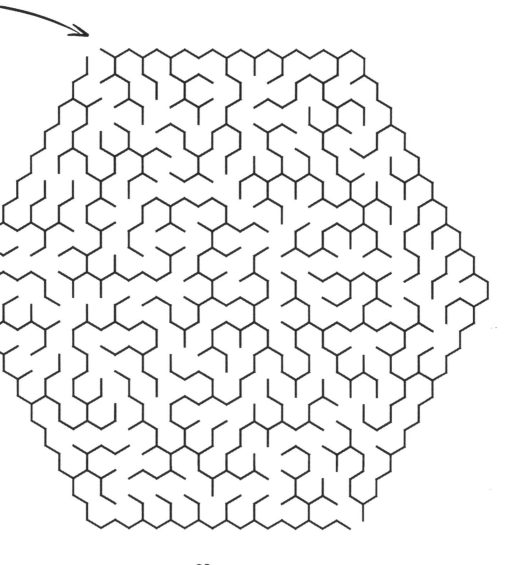

ENDRÄTSEL LEVEL 1

Sammle alle Hinweise

Um dieses ultimative Endrätsel zu lösen, musst du zuerst alle Endgegner-Hinweise aus den Level-1-Spielen sammeln und hier eintragen:

ENDGEGNER-HINWEIS

Spiel	Hinweis	Code
1.2		5
1.3		2
1.4		10
1.5		3
1.6		1
1.9		9

Spiel	Hinweis	Code
1.11		3
1.12		7
1.15		8
1.17		4
1.18		6

Löse das Endrätsel

Dieser Schlüssel hilft dir beim Lösen →

T	4	P	A	C	S	3	7	U	9
A	N	U	B	E	L	R	D	M	K

Trage die gesammelten Hinweise an der richtigen Code-Position ein und verwende den Schlüssel, um das Lösungswort herauszufinden.

Code	Hinweis	Lösungswort
1		
2		
3	_ + _ = ?	
4		
5		
6		
7		
8		
9		
10		

LEVEL 1 URKUNDE

Herzlichen Glückwunsch,
du hast das ultimative Endrätsel gemeistert!

Trage ein, wann, wo und mit wem du es gelöst hast:

NAME	
Wann?	
Wo?	
Mit wem?	
Anzahl komplett gelöster Rätsel:	
Lieblingsrätsel:	

ENDGEGNER-BEZWINGER

2.1 LABYRINTH

2.2 Buchstabensalat

Die Buchstaben sind auf einer holprigen Reise durcheinander gepurzelt. Kannst du sie richtig anordnen, sodass sie wieder Wörter ergeben?

1 DSNART   _ _ _ _ _ _
2 IESER   _ _ _ _ _
3 LBAUUR   _ _ _ _ _ _
4 LTOEH   _ _ _ _ _
5 RKEMAA   _ _ _ _ _ _
6 NENSNO   _ _ _ _ _ _
7 NGLFEEI   _ _ _ _ _ _ _ ← **ENDGEGNER-HINWEIS**
8 ARFTH   _ _ _ _ _
9 FROEFK   _ _ _ _ _ _
10 NTEELZ   _ _ _ _ _ _

2.3 Teekesselchen

Finde heraus, welches Wort mit zwei verschiedenen Bedeutungen beschrieben wird. Kannst du passende Bilder dazu malen?

1) Ein Werkzeug zum Nähen

2) Ein Teil eines Baumes

Das gesuchte Wort ist: _ _ _ _ _

Endgegner-Hinweis

2.4 Sudoku

6				8		2		
					9			4
9							6	3
4			3	5				
3		7		4			1	2
			2	7		3	4	5
	7			3		9	5	
		6	8	9		1	2	
2	1		5		7	4	3	8

ENDGEGNER-HINWEIS:

37

2.5 Kreuzworträtsel

Auf dem Bauernhof

Auf der nächsten Seite gibt es ein kniffliges Kreuzworträtsel zu lösen. Hier sind die Hinweise dazu – achte darauf, ob das Wort quer oder längs geschrieben wird:

→
1 Milch gebendes Tier
2 Großes Reittier
3 Gebäude für Tiere
6 Getrocknetes Gras
7 Gelbes Korn
8 Arbeitet auf dem Hof
11 Einbringen der Feldfrüchte

↓
3 Tier mit Wolle
4 Rosa Tier auf dem Hof
5 Fahrzeug für die Feldarbeit
9 Ort zum Anbau von Pflanzen
10 Milch von der Kuh nehmen

ENDGEGNER-HINWEIS: ☐

2.7 Labyrinth

2.8 Sudoku

4	3			8		2		
6	1						8	
7			3	5	6			1
2	6	7				3		
				2				5
	9					4	1	
1	2			7		6	9	4
9			1	4			2	8
8	5	4	9		2	1	3	7

2.9 Wortgitter

Am Strand gibt es viel zu entdecken:

SAND
MEER
SONNE
PALMEN
SCHIFF
WELLEN
MUSCHELN
SCHAUFEL

Auf der nächsten Seite haben sich diese 8 Dinge im Wortgitter versteckt. Findest du alle?

Endgegner-Hinweis

Vierter Buchstabe des untersten Wortes quer im Wortgitter: _

P	H	J	D	A	O	X	U	U	S	M	E	A
A	K	W	E	L	L	E	N	X	A	V	P	U
L	Y	H	F	L	Q	Q	V	T	N	H	O	D
M	E	E	R	H	C	S	R	L	D	G	Y	L
E	B	C	Z	I	X	C	W	B	K	B	B	T
N	W	I	K	S	C	H	I	F	F	Q	F	A
X	H	R	Q	T	T	A	B	E	M	J	X	M
O	J	T	P	D	X	U	J	S	Y	B	Z	O
H	B	A	Y	H	O	F	O	O	M	U	K	G
H	M	U	S	C	H	E	L	N	M	N	E	P
H	I	E	M	W	X	L	Y	N	H	F	V	M
F	E	Y	K	D	B	N	E	E	V	G	R	C
R	J	V	M	C	V	U	U	P	Y	O	J	A

2.10 Labyrinth

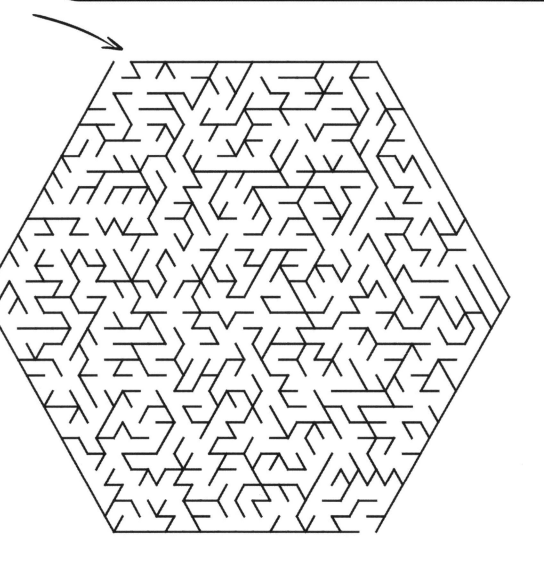

2.11 Buchstabensalat

Die Buchstaben sind auf einer holprigen Reise durcheinander gepurzelt. Kannst du sie richtig anordnen, sodass sie wieder Wörter ergeben?

1. IGNCAMP   _ _ _ _ _ _ _
2. ROSTUTI   _ _ _ _ _ _ _
3. GSULFAU   _ _ _ _ _ _ _ ← ENDGEGNER-HINWEIS
4. TAURROD   _ _ _ _ _ _ _
5. RDAWENN   _ _ _ _ _ _ _
6. UMSUEM   _ _ _ _ _ _
7. NHOFBAH   _ _ _ _ _ _ _
8. LEWLE   _ _ _ _ _
9. IESARNE   _ _ _ _ _ _ _
10. IRENFE   _ _ _ _ _ _

2.12 Teekesselchen

Finde heraus, welches Wort mit zwei verschiedenen Bedeutungen beschrieben wird. Kannst du passende Bilder dazu malen?

1) Ein weißes Pferd

2) Ein Pilz

Das gesuchte Wort ist: _ _ _ _ _ _ _ _

ENDGEGNER-HINWEIS

2.13 Sudoku

		7			4	5		6
2	5			9		1	7	
		1					8	2	9
	7				6		5	
3			9	8	2	4		7
6			5	3			1	
	4		3	7	1		9	2
	2						4	1
	6	3		4				

ENDGEGNER-HINWEIS:

2.14 Kreuzworträtsel

Im Freibad

Auf der nächsten Seite gibt es ein kniffliges Kreuzworträtsel zu lösen. Hier sind die Hinweise dazu – achte darauf, ob das Wort quer oder längs geschrieben wird:

1 Flüssigkeit zum Schwimmen
3 Scheint am Himmel
5 Gerät zum Hinuntergleiten
10 Kleidung für Jungs im Wasser
11 Ort zum Schwimmen

2 Sich im Wasser bewegen
4 Becken zum Schwimmen
6 Zum Abtrocknen
7 Wasser von oben
8 Person im Wasser
9 Kleidung zum Schwimmen
12 Zum Sonnenbaden

Endgegner-Hinweis:

2.15 Suchbild

Finde den Fehler

Hier haben sich 7 Fehler im Bild versteckt. Schau genau hin und vergleiche mit dem Bild auf der Seite gegenüber!

2.16 WORTGITTER

So viele Leckereien für den Sommer:

EIS
OBST
PIZZA
SALAT
BROT
KEKSE
FISCH
JOGHURT

Auf der nächsten Seite haben sich diese 8 Dinge im Wortgitter versteckt. Findest du alle?

ENDGEGNER-HINWEIS

Dritter Buchstabe des obersten Wortes quer im Wortgitter: _

V	X	U	Z	U	Y	F	Z	C	Z	B	N
J	F	K	E	P	B	O	L	J	W	O	N
M	X	E	Z	B	W	B	R	O	T	E	R
D	U	K	N	M	K	S	G	P	O	W	J
P	E	S	A	L	A	T	D	H	N	G	O
Q	J	E	R	G	N	U	G	O	K	W	G
F	C	I	W	I	A	B	F	I	S	C	H
D	T	S	X	C	K	I	X	F	J	K	U
C	R	G	P	E	Y	R	G	D	R	J	R
Q	U	K	M	K	A	D	M	T	O	I	T
T	L	L	R	E	V	D	N	K	C	R	Y
J	X	C	R	P	I	Z	Z	A	U	L	M

55

2.17 Buchstabensalat

Die Buchstaben sind auf einer holprigen Reise durcheinander gepurzelt. Kannst du sie richtig anordnen, sodass sie wieder Wörter ergeben?

1. MIMZER _ _ _ _ _ _
2. EBDAN _ _ _ _ _
3. EPPAK _ _ _ _ _ _
4. EBCNHU _ _ _ _ _ _
5. ROTRUK _ _ _ _ _ _
6. IFHSFC _ _ _ _ _ _
7. RBFAHTA _ _ _ _ _ _ _
8. EKTSCHU _ _ _ _ _ _ _
9. NAELNG _ _ _ _ _ _
10. NNEISL _ _ _ _ _ _

2.18 Teekesselchen

Finde heraus, welches Wort mit zwei verschiedenen Bedeutungen beschrieben wird. Kannst du passende Bilder dazu malen?

1) Ein Teil des Gesichts

2) Ein Baum

Das gesuchte Wort ist: _ _ _ _ _ _

Endgegner-Hinweis

2.19 Sudoku

3	7		2					
	2			7	3	1		8
9	1				8		2	3
	8		4		6		1	2
	4	9		3		5		7
		1	7	2			8	
4			5			8	3	
		7	3			2	5	4
			1			9	7	6

ENDGEGNER-HINWEIS:

2.20 Labyrinth

ENDRÄTSEL LEVEL 2

Sammle alle Hinweise

Um dieses ultimative Endrätsel zu lösen, musst du zuerst alle Endgegner-Hinweise aus den Level-2-Spielen sammeln und hier eintragen:

ENDGEGNER-HINWEIS

SPIEL	HINWEIS	CODE
2.2		9
2.3		1
2.4		8
2.5		4
2.9		12
2.11		10

SPIEL	HINWEIS	CODE
2.12		2
2.13		5
2.14		6
2.16		3
2.18		7
2.19		11

Löse das Endrätsel

Dieser Schlüssel hilft dir beim Lösen →

5	N	L	D	C	M	3	7	O	9	G	4	I
T	R	H	S	N	O	E	K	M	L	I	A	F

CODE	HINWEIS	LÖSUNGSWORT
1		
2		
3		
4		
5	11 - _ = ?	
6		
7		
8		
9		
10		
11	7 - _ = ?	
12		

LEVEL 2 URKUNDE

Herzlichen Glückwunsch,
du hast das ultimative Endrätsel gemeistert!

Trage ein, wann, wo und mit wem du es gelöst hast:

NAME	
Wann?	
Wo?	
Mit wem?	
Anzahl komplett gelöster Rätsel:	
Lieblingsrätsel:	

ENDGEGNER-BEZWINGER

3.1 LABYRINTH

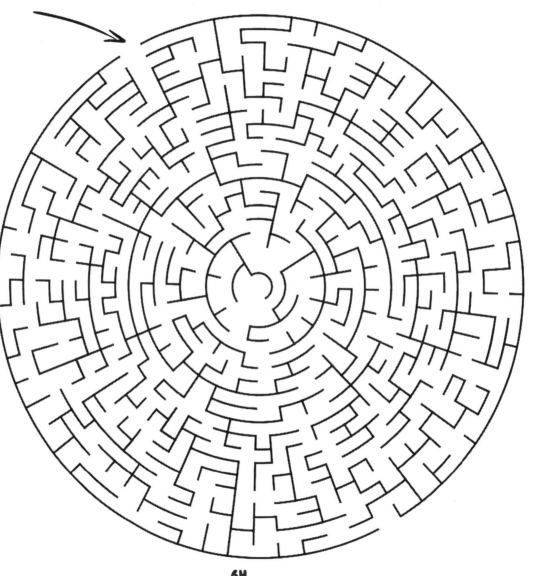

3.2 Buchstabensalat

Die Buchstaben sind auf einer holprigen Reise durcheinander gepurzelt. Kannst du sie richtig anordnen, sodass sie wieder Wörter ergeben?

1 CARKUSKC   _ _ _ _ _ _ _ _
2 UZGLUEGF   _ _ _ _ _ _ _ _
3 DAZBEAGNU   _ _ _ _ _ _ _ _ _
4 NICKKICP   _ _ _ _ _ _ _ _
5 TAUBREEEN   _ _ _ _ _ _ _ _ _
6 NOGHERUL   _ _ _ _ _ _ _ _
7 NESOBNDNA   _ _ _ _ _ _ _ _ _ ← *Endgegner-Hinweis*
8 NCTADHUH   _ _ _ _ _ _ _ _
9 MMWSIHENC   _ _ _ _ _ _ _ _ _
10 EDNEISRE   _ _ _ _ _ _ _ _

3.3 Teekesselchen

Finde heraus, welches Wort mit zwei verschiedenen Bedeutungen beschrieben wird. Kannst du passende Bilder dazu malen?

1) Ein Gemüse

2) Optische Gläser

Das gesuchte Wort ist: _ _ _ _ _ _

ENDGEGNER-HINWEIS

3.4 Sudoku

	8		4	5		6		
			8	7				3
	7	4					1	
		7	9		2			
			1		6			7
	2			8			9	
	5		7		9			4
	3	2						5
7	4	6	5					

ENDGEGNER-HINWEIS:

3.5 Kreuzworträtsel

Im Museum

Auf der nächsten Seite gibt es ein kniffliges Kreuzworträtsel zu lösen. Hier sind die Hinweise dazu – achte darauf, ob das Wort quer oder längs geschrieben wird:

→

2 Dreidimensionales Kunstwerk
3 Alter Gegenstand
4 Schöpfung eines Künstlers
6 Abkürzung für Dinosaurier
7 Versteinerte Reste
8 Freilegung von Funden
10 Gelerntes und Erfahrenes
13 Eintrittskarte

↓

1 Zeigt Kunst oder Exponate
4 Lebensweise einer Gesellschaft
5 Lehre von der Vergangenheit
9 Raum für Kunstwerke
11 Ausstellungsstück
12 Ansammlung von Objekten
14 Glaskasten zur Ausstellung
15 Geschäft im Museum

Endgegner-Hinweis:

3.6 Suchbild

Finde den Fehler

Hier haben sich 10 Fehler im Bild versteckt. Schau genau hin und vergleiche mit dem Bild auf der Seite gegenüber!

3.7 Labyrinth

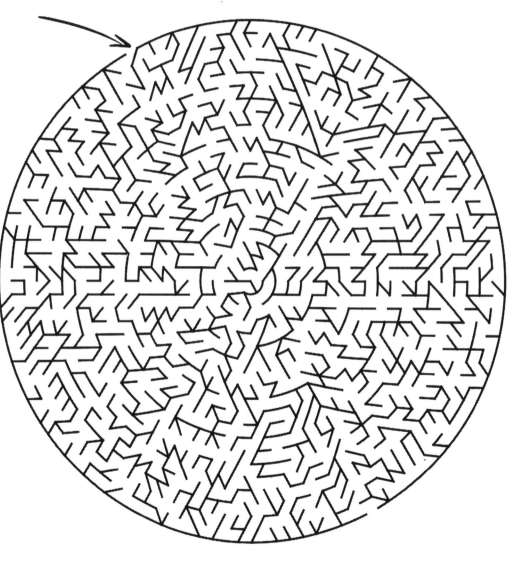

3.8 Sudoku

1					4	5		6
			8		6		7	1
6		3						9
	2		4	5		1		
								8
	8	9						4
5		4						3
2				9		8		
	6			1	5	9		2

ENDGEGNER-HINWEIS: ☐

3.9 WORTGITTER

In den Ferien kannst du so viel tun:
BADEN
LESEN
REITEN
ANGELN
SEGELN
TAUCHEN
WANDERN
SPIELEN
KLETTERN
SCHWIMMEN
RADFAHREN
FOTOGRAFIEREN

Auf der nächsten Seite haben sich diese 12 Tätigkeiten im Wortgitter versteckt. Findest du alle?

ENDGEGNER-HINWEIS

Zweiter Buchstabe des untersten Wortes im Wortgitter: _

Q	Y	Q	S	C	H	W	I	M	M	E	N	S	M	Z	D	R	O
R	Z	Z	G	P	U	F	R	E	S	C	J	Y	T	R	U	E	Z
C	S	A	Z	J	L	O	F	M	S	G	B	P	Z	B	N	I	M
Z	C	L	J	V	J	T	D	C	S	Q	B	E	H	K	N	T	X
V	L	U	A	I	T	O	W	N	W	D	R	D	T	L	S	E	P
U	Z	K	U	O	Y	G	J	O	O	U	S	S	V	E	C	N	U
N	U	G	Z	W	R	R	A	N	U	X	M	A	X	T	O	R	I
K	D	A	G	Y	A	A	R	R	H	R	Y	W	W	T	B	X	D
K	T	N	Z	C	D	F	B	K	X	B	O	O	D	E	B	A	Z
W	O	G	I	W	F	I	C	R	Z	A	V	Z	R	R	J	E	N
B	B	E	K	O	A	E	C	D	U	D	M	B	O	O	H	U
Q	H	L	P	S	H	R	V	O	R	E	R	D	A	G	Z	G	X
X	U	N	K	O	R	E	E	S	S	N	B	P	N	K	R	V	A
S	P	I	E	L	E	N	W	M	C	B	R	Q	D	W	B	D	V
T	I	D	E	F	N	F	F	L	V	E	J	E	E	Y	N	P	J
P	I	O	S	A	X	L	E	S	E	N	M	W	R	A	O	H	F
I	B	T	E	R	Q	Y	T	A	U	C	H	E	N	X	E	K	P
H	S	E	G	E	L	N	G	C	I	O	U	Q	X	T	O	M	X

3.10 Labyrinth

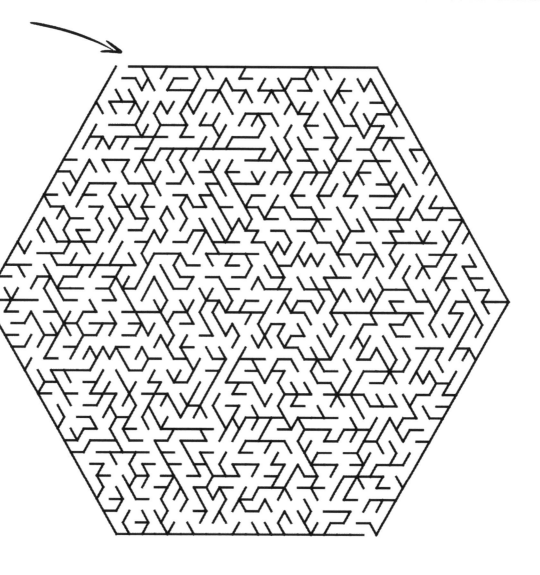

3.11 Buchstabensalat

Die Buchstaben sind auf einer holprigen Reise durcheinander gepurzelt. Kannst du sie richtig anordnen, sodass sie wieder Wörter ergeben?

1. NCEOSNNHIESN _ _ _ _ _ _ _ _ _ _ _
2. TRSADNNDSA _ _ _ _ _ _ _ _ _ _
3. BERSIEUS _ _ _ _ _ _ _ _
4. AURRABULMUT _ _ _ _ _ _ _ _ _ _ _
5. ETEIFRIZ _ _ _ _ _ _ _ _
6. GSFILUEZUSAL _ _ _ _ _ _ _ _ _ _ _ _ ← Endgegner-Hinweis
7. NAUSEEIRHF _ _ _ _ _ _ _ _ _ _
8. NAGTWEEMI _ _ _ _ _ _ _ _ _
9. TREHZOILME _ _ _ _ _ _ _ _ _ _
10. NLRUBDKIEC _ _ _ _ _ _ _ _ _ _

3.12 Teekesselchen

Finde heraus, welches Wort mit zwei verschiedenen Bedeutungen beschrieben wird. Kannst du passende Bilder dazu malen?

1) Ein dickes Seil

2) Dichter Nebel

Das gesuchte Wort ist: _ _ _

ENDGEGNER-HINWEIS

3.13 Sudoku

	6	5				3		
7		9			3		2	5
			6		5	9	1	4
	5					8	4	1
4				9			5	6
	1							
6	7			3				2
				2	6	1		7
			9				6	3

3.14 Kreuzworträtsel

Im Wald

Auf der nächsten Seite gibt es ein kniffliges Kreuzworträtsel zu lösen. Hier sind die Hinweise dazu – achte darauf, ob das Wort quer oder längs geschrieben wird:

1 Wächst im Wald
3 Teil eines Baumes
6 Kleines Waldtier
7 Großes Waldtier mit Geweih
10 Weihnachtsbaum
11 Baum mit Eicheln
12 Früchte von Nadelbäumen
14 Kleiner Fluss im Wald

1 Baum mit glatten Blättern
2 Teil eines Baumes
4 Boden im Wald
5 Fliegendes Tier im Wald
8 Rotbraunes Waldtier
9 Nadelbaum
13 Spaziergang im Wald.

ENDGEGNER-HINWEIS:

3.15 Suchbild

3.16 Wortgitter

An diesen Orten gibt es jede Menge zu erleben:

ZOO
SEE
PARK
WALD
BURG
BERGE
INSEL
STADT
STRAND
MUSEUM
SCHLOSS
BAUERNHOF

Auf der nächsten Seite haben sich diese 12 Orte im Wortgitter versteckt. Findest du alle?

Endgegner-Hinweis

Erster Buchstabe des untersten Wortes längs im Wortgitter: _

A	V	S	R	Y	O	O	T	O	Q	K	D	A	A
Q	T	V	I	Q	G	B	S	N	L	T	U	I	H
B	W	C	U	Y	G	K	Z	I	I	Q	T	T	A
H	Z	I	J	V	P	Q	J	M	V	H	K	Y	L
F	A	S	M	L	M	U	S	E	U	M	C	S	L
P	S	T	R	A	N	D	C	L	D	W	A	R	J
O	B	A	U	E	R	N	H	O	F	D	G	W	F
U	E	D	N	Z	W	A	L	D	D	D	J	R	Q
X	R	T	T	X	V	C	O	S	B	H	J	W	S
F	G	K	T	D	I	N	S	E	L	R	G	O	Y
L	E	C	N	T	I	R	S	E	X	B	S	Z	C
Y	O	K	P	P	S	I	J	B	X	T	K	O	U
B	U	R	G	W	P	A	R	K	N	U	B	O	I
G	C	L	N	K	F	V	I	C	W	O	W	I	C

3.17 Buchstabensalat

Die Buchstaben sind auf einer holprigen Reise durcheinander gepurzelt. Kannst du sie richtig anordnen, sodass sie wieder Wörter ergeben?

1 RMIEMDNUEKS _ _ _ _ _ _ _ _ _ _ _
2 ORKTLETUETR _ _ _ _ _ _ _ _ _ _ _
3 ELRUKSTIURT _ _ _ _ _ _ _ _ _ _ _
4 LAHATFNSCD _ _ _ _ _ _ _ _ _ _
5 TTMOOROBO _ _ _ _ _ _ _ _ _   ← ENDGEGNER-HINWEIS
6 RKTAPNURA _ _ _ _ _ _ _ _ _
7 RERUSDINE _ _ _ _ _ _ _ _ _
8 NRIEGELFREA _ _ _ _ _ _ _ _ _ _ _
9 MWSHDMCIBA _ _ _ _ _ _ _ _ _ _
10 RENSWTSEHE _ _ _ _ _ _ _ _ _ _

3.18 Teekesselchen

Finde heraus, welches Wort mit zwei verschiedenen Bedeutungen beschrieben wird. Kannst du passende Bilder dazu malen?

1) Ein Teil eines Kreises

2) Ein Schießgerät

Das gesuchte Wort ist: _ _ _ _ _

ENDGEGNER-HINWEIS

3.19 Sudoku

	1	4		3		7	5	
		8						
5	2	7		1				
8	9			2			4	7
	4			8			3	
						8		5
				9		4	8	
4	8	9			6	1		2
2		6			8		9	

ENDGEGNER-HINWEIS:

3.20 Labyrinth

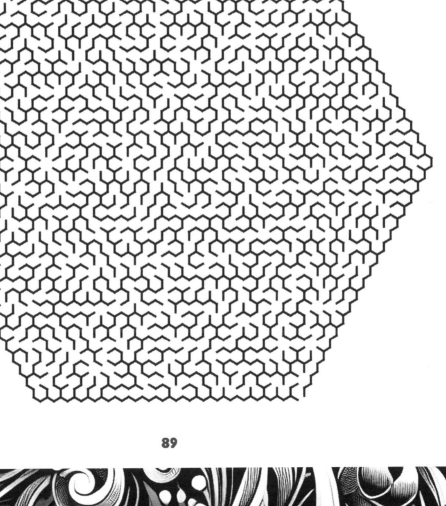

ENDRÄTSEL LEVEL 3

Sammle alle Hinweise

Um dieses ultimative Endrätsel zu lösen, musst du zuerst alle Endgegner-Hinweise aus den Level-3-Spielen sammeln und hier eintragen:

ENDGEGNER-HINWEIS

SPIEL	HINWEIS	CODE
3.2		11
3.3		6
3.4		12
3.5		3
3.8		1
3.9		8
3.11		13

SPIEL	HINWEIS	CODE
3.12		9
3.14		4
3.16		10
3.17		7
3.18		2
3.19		5

Löse das Endrätsel

Dieser Schlüssel hilft dir beim Lösen →

F	6	B	E	U	S	Z	7	L	8	G	9	O
R	T	A	S	C	E	H	M	Z	K	I	P	N

Code	Hinweis	Lösungswort
1	_ + 4 = ?	
2		
3		
4		
5	13 − _ = ?	
6		
7		
8		
9		
10		
11		
12	9 − _ = ?	
13		

LEVEL 3 URKUNDE

Herzlichen Glückwunsch,
du hast das ultimative Endrätsel gemeistert!

Trage ein, wann, wo und mit wem du es gelöst hast:

NAME	
Wann?	
Wo?	
Mit wem?	
Anzahl komplett gelöster Rätsel:	
Lieblingsrätsel:	

ENDGEGNER-BEZWINGER

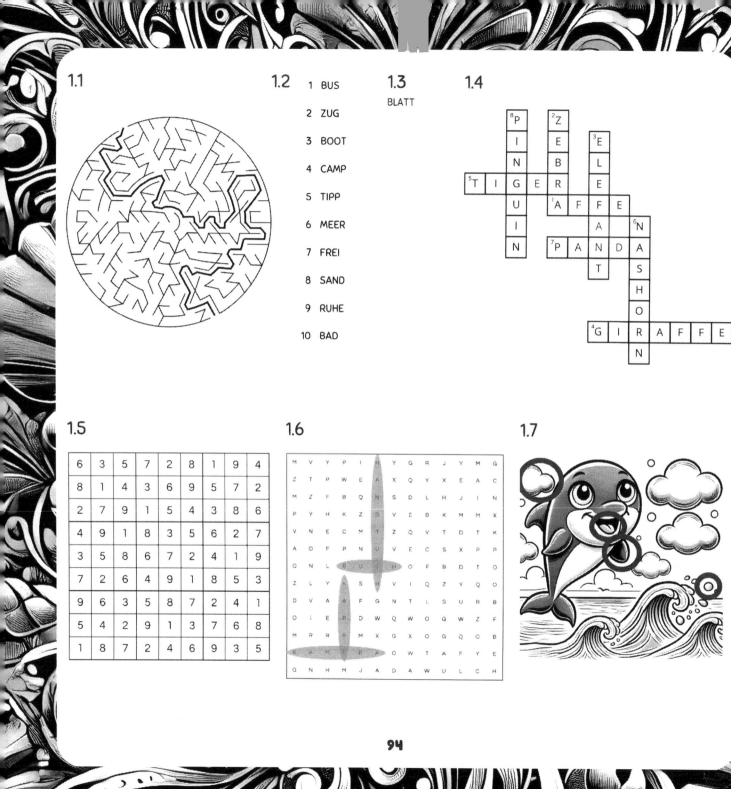

1.8

1.9

1. FLUG
2. WEG
3. AUTO
4. PARK
5. SHOP
6. EIS
7. TRAM
8. BUCH
9. PLAN
10. BAUM

1.10

BALL

1.11

7	2	5	3	6	1	8	9	4
3	6	1	9	8	4	2	5	7
8	4	9	5	2	7	3	1	6
6	5	3	2	1	8	7	4	9
4	1	2	7	9	5	6	8	3
9	8	7	6	4	3	5	2	1
1	3	4	8	5	6	9	7	2
2	7	8	4	3	9	1	6	5
5	9	6	1	7	2	4	3	8

1.12

L	Z	Q	G	F	I	D	C	M	A	P	L	I
C	U	T	U	L	M	T	J	S	L	N	I	C
D	O	K	Z	B	Ü	L	L	G	V	E	R	S
Z	U	P	I	Y	G	J	J	C	A	B	K	B
W	M	Z	H	U	A	D	E	K	P	J	I	N
N	P	U	S	C	H	U	L	I	S	P	G	K
F	W	M	K	U	C	W	Q	N	Q	R	Y	C
U	C	E	E	H	C	Z	S	G	M	J	L	Z
G	V	D	G	U	S	Y	E	R	Y	Q	Z	T
U	W	Z	Z	S	A	O	Z	O	E	D	M	Y
U	X	Q	G	Y	P	E	T	I	S	K	Z	I
E	H	G	X	T	V	N	X	P	I	T	F	T
K	Q	H	D	L	G	Q	E	O	L	V	N	U

1.13

1.14

1.15

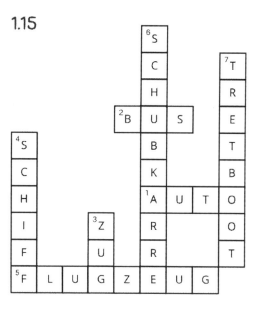

					⁶S		
					C		⁷T
					H		R
			²B	U	S		E
⁴S					B		T
C					K		B
H			¹A	U	T	O	
I		³Z	R			O	
F		U	R			T	
⁵F	L	U	G	Z	E	U	G

1.16

1	TAXI
2	ZELT
3	PFAD
4	STAU
5	POOL
6	STOP
7	RAST
8	SEE
9	HUT
10	TOLL

1.17

SCHLOSS

1.18

6	2	5	8	1	7	9	4	3
1	3	8	4	2	9	7	6	5
4	9	7	6	3	5	2	8	1
2	7	1	3	9	8	4	5	6
9	6	3	5	7	4	1	2	8
5	8	4	1	6	2	3	9	7
8	1	9	7	4	6	5	3	2
3	5	2	9	8	1	6	7	4
7	4	6	2	5	3	8	1	9

1.19

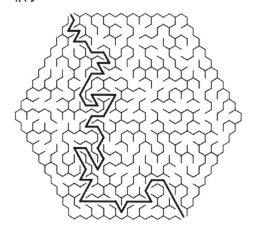

Endrätsel Level 1

Code	Hinweis	Lösungswort
1	A	B
2	T	A
3	1 + 6 = 7	D
4	C	E
5	P	U
6	3	R
7	S	L
8	T	A
9	P	U
10	A	B

2.1

2.2

1. STRAND
2. REISE
3. URLAUB
4. HOTEL
5. KAMERA
6. SONNEN
7. FLIEGEN
8. FAHRT
9. KOFFER
10. ZELTEN

2.3

NADEL

2.5

	M	A	I	S					T		
				C					R		
	K	U	H				B	A	U	E	R
				W					K		
			H	E	U				T		
	M		I		F				O		
	E	R	N	T	E				R		
S	T	A	L	L				D			
C				K							
H				P	F	E	R	D			
A				N							
F											

2.4

6	4	5	7	8	3	2	9	1
7	2	3	6	1	9	5	8	4
9	8	1	4	2	5	7	6	3
4	6	2	3	5	1	8	7	9
3	5	7	9	4	8	6	1	2
1	9	8	2	7	6	3	4	5
8	7	4	1	3	2	9	5	6
5	3	6	8	9	4	1	2	7
2	1	9	5	6	7	4	3	8

2.6

2.7

2.8

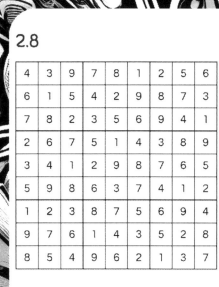

2.9

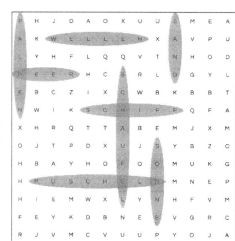

2.10

2.11

1 CAMPING
2 TOURIST
3 AUSFLUG
4 RADTOUR
5 WANDERN
6 MUSEUM
7 BAHNHOF
8 WELLE
9 ANREISE
10 FERIEN

2.12

SCHIMMEL

2.13

9	8	7	1	2	4	5	3	6
2	5	6	8	9	3	1	7	4
4	3	1	7	6	5	8	2	9
8	7	2	4	1	6	9	5	3
3	1	5	9	8	2	4	6	7
6	9	4	5	3	7	2	1	8
5	4	8	3	7	1	6	9	2
7	2	9	6	5	8	3	4	1
1	6	3	2	4	9	7	8	5

2.14

2.15

2.16

V	X	U	Z	U	Y	F	Z	C	Z	B	N
J	F	K	E	P	B	O	L	J	W	O	N
M	X	E	Z	B	W	K	R	O	T	E	R
D	U	K	N	M	K	S	G	P	O	W	J
P	E	A	L	A	D	H	N	G	O
Q	J	R	G	N	U	G	O	K	W	H
F	C	I	W	I	A	B	F	I	S	C	H
D	T	S	X	C	K	I	X	F	J	K	U
C	R	G	P	E	Y	R	G	D	R	J	R
Q	U	K	M	K	A	D	M	T	O	I	T
T	L	L	R	E	V	D	N	K	C	R	Y
J	X	C	R	P	I	Z	Z	A	U	L	M

2.17

1. ZIMMER
2. BADEN
3. KAPPE
4. BUCHEN
5. KURORT
6. SCHIFF
7. ABFAHRT
8. KUTSCHE
9. ANGELN
10. INSELN

2.18
KIEFER

2.19

3	7	8	2	1	4	6	9	5
5	2	6	9	7	3	1	4	8
9	1	4	6	5	8	7	2	3
7	8	5	4	9	6	3	1	2
2	4	9	8	3	1	5	6	7
6	3	1	7	2	5	4	8	9
4	9	2	5	6	7	8	3	1
1	6	7	3	8	9	2	5	4
8	5	3	1	4	2	9	7	6

2.20

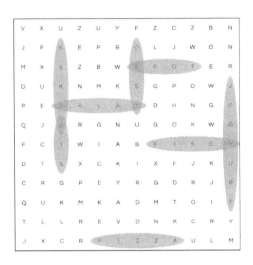

Endrätsel Level 2

Code	Hinweis	Lösungswort
1	D	S
2	M	O
3	O	M
4	O	M
5	11 − 8 = 3	E
6	N	R
7	I	F
8	3	E
9	N	R
10	G	I
11	7 − 4 = 3	E
12	C	N

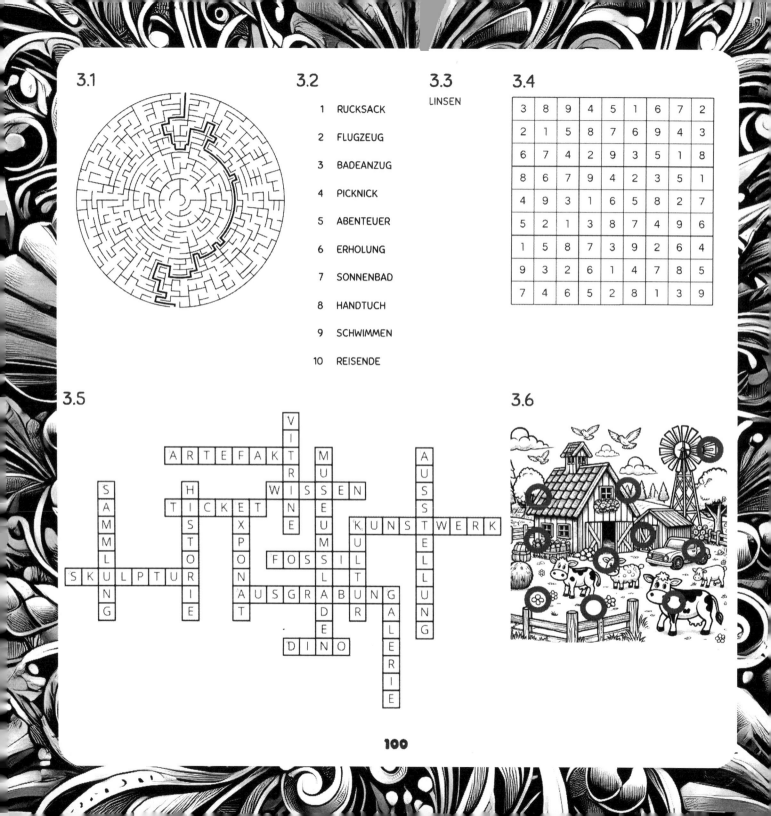

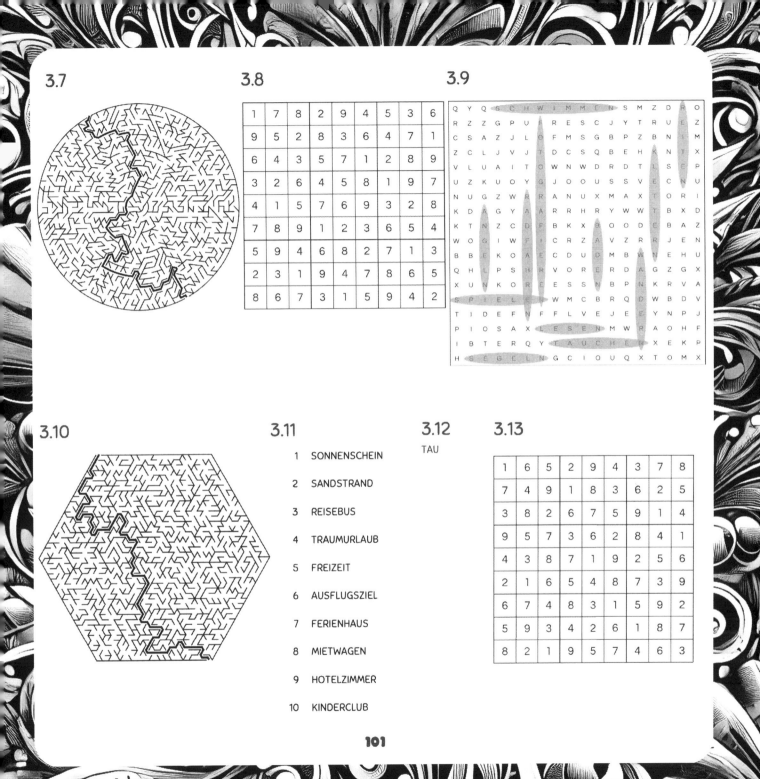

3.14

3.15

3.17

1. KINDERMUSEUM
2. KLETTERTOUR
3. KULTURREISE
4. LANDSCHAFT
5. MOTORBOOT
6. NATURPARK
7. RUNDREISE
8. FERIENLAGER
9. SCHWIMMBAD
10. SEHENSWERT

3.16

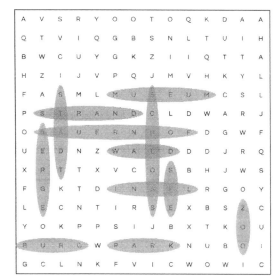

3.18

BOGEN

3.19

9	1	4	6	3	2	7	5	8
3	6	8	4	7	5	9	2	1
5	2	7	8	1	9	3	6	4
8	9	1	5	2	3	6	4	7
6	4	5	7	8	1	2	3	9
7	3	2	9	6	4	8	1	5
1	5	3	2	9	7	4	8	6
4	8	9	3	5	6	1	7	2
2	7	6	1	4	8	5	9	3

3.20 Endrätsel Level 3

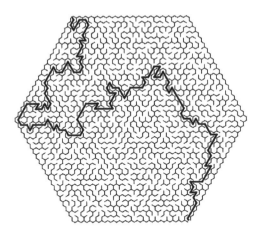

Code	Hinweis	Lösungswort
1	5 + 4 = 9	P
2	G	I
3	F	R
4	B	A
5	13 – 7 = 6	T
6	S	E
7	O	N
8	E	S
9	U	C
10	Z	H
11	B	A
12	9 – 3 = 6	T
13	L	Z

Deine Rätsel

Jetzt bist du dran! Erfinde deine eigenen Rätsel und gebe sie einem Freund oder Familienmitglied zum Lösen.

Psst... hier kannst du deine Lösungen eintragen, damit sie nicht gleich gesehen werden oder weitere Rätsel erfinden!

Unsere Buchempfehlungen

... zum Staunen und Lachen

... zum Spielen und Üben

... zum Spielen und Üben

Impressum

1. Auflage 2024
ISBN Taschenbuch: 978-3-9825657-5-0

Copyright © 2024 Arts4Family
Adam Drazek, Kateriniweg 46, 63477 Maintal

Alle Rechte vorbehalten. Die vollständige oder auszugsweise Speicherung, Vervielfältigung oder Übertragung dieses Werkes, ob elektronisch, mechanisch, durch Fotokopie oder Aufzeichnung, ist ohne vorherige Genehmigung des Rechteinhabers urheberrechtlich untersagt.

Text, Konzeption & Rätsel: Thuy-Van Tran
Cover, Design & Suchbilder: Adam Drazek
Illustrationen Kreuzworträtsel: ClipArtisan (Creative Fabrica)
alle weiteren Illustrationen von canva.com

Printed in Poland
by Amazon Fulfillment
Poland Sp. z o.o., Wrocław